CB138471

subúrbios da galáxia

subúrbios da galáxia

(antologia poética)

Geraldo Carneiro

© 2015 by Geraldo Carneiro

Direitos de edição da obra em língua portuguesa no Brasil adquiridos pela Agir, um selo da EDITORA NOVA FRONTEIRA PARTICIPAÇÕES S.A. Todos os direitos reservados. Nenhuma parte desta obra pode ser apropriada e estocada em sistema de banco de dados ou processo similar, em qualquer forma ou meio, seja eletrônico, de fotocópia, gravação etc., sem a permissão do detentor do copirraite.

EDITORA NOVA FRONTEIRA PARTICIPAÇÕES S.A.
Rua Nova Jerusalém, 345 – Bonsucesso – 21042-235
Rio de Janeiro – RJ – Brasil
Tel.: (21) 3882-8200 – Fax: (21) 3882-8212/8313

CIP-BRASIL. CATALOGAÇÃO NA PUBLICAÇÃO
SINDICATO NACIONAL DOS EDITORES DE LIVROS, RJ

C287
Carneiro, Geraldo, 1952-
Subúrbios da galáxia: antologia poética / Geraldo Carneiro; [seleção e organização Ana Paula Pedro]. – 2. ed. – Rio de Janeiro: Nova Fronteira, 2015.

ISBN 978-85-209-2148-7

1. Poesia brasileira. I. Pedro, Ana Paula. II. Título.

15-25869 CDD: 869.91
CDU: 821.134.3(81)-1

sumário

o tempo:
provável mar tecido como teia
que se pudesse navegar por dentro

madrigal triste

eu sou como o rei de um país ensolarado
e todos os vadios me devem vassalagem
assim como as mariposas, as sereias
& os moluscos da beira-mar
aos 25 anos decapitei
o busto de meu avô ex-monarca
e inaugurei uma nova ordem natural
aboli por decreto a realidade
e abdiquei também de certas pompas

a preguiça infame
jamais me permitiu demarcar
os limites de meu reino
digamos então que confino
a Leste com o Oceano Atlântico
ao Sul com o Paraíso
a Oeste com as ficções selvagens
de José de Alencar
e ao Norte com minha morte

tudo isso não me basta
(ai de mim) queria mesmo era colher
o grito pleno da tua alma cheia de tormentos

(maiores informações em Madrigal Triste,
de Charles Baudelaire)

sobre a verdura

os insetos voavam estranhamente
sobre a verdura e a barraca de peixe
permanecia um momento intocada
em seus reflexos de luz e de prata
e você a ver navios percorria
o tormentoso labirinto da feira
se imaginava um conquistador espanhol
que se perdeu no rumo das Índias
e construiu um castelo à beira-mar.
vendedores vendedoras ficções sonoras
verdes vegetais como se houvesse
uma deusa sonhadora em cada alface
e os dragões cuspissem fogo em silêncio
emaranhados numa réstia de cebola

bazar de espantos

eu não tenho palavras, exceto duas
ou três que me acompanham desde sempre
desde que me desentendo por gente,
nas priscas eras em que era eu mesmo.
agora sou uma espécie de arremedo,
despido das minhas divinaturas.
já não me atrevo ao ego sum qui sum.
guardo no entanto em meu bazar de espantos
a palavra esplendor, a palavra fúria,
às vezes até me arrisco à palavra amor,
mesmo sabendo por trás de suas plumas
a improvável semântica das brumas
o rastro irremediável de outro verso
ou quem sabe a sintaxe do universo

futurologia

o futuro é o jardim dos impossíveis
o shangri-lá das paralelas da esperança
o céu onde revoa a ave vida
o rendez-vous das coisas nunca dantes
(onde florescem flores de utopia
e cada dia é sempre mais além).
futuro do pretérito é o contrário
é o sonho que seria se não fosse
o caos, certa palavra impronunciada,
o horror, os desenredos do amor,
e enfim, à falta de outra flor, a morte

a muralha da China

à semelhança de outras noites
recordar palavras estranhas
de um velho refrão popular

à semelhança de outros ritos
reconstituir teu ruído
escorpião ao redor da cama

à semelhança de outros cantos
imaginar estrelas
alimentar os signos da noite

à semelhança de outras luas
iluminar teu sono
encarcerado atrás de janelas

à semelhança de outros sonhos
inventar a felicidade
que construímos continuamente
mesmo sem saber
que cada uma de sua muralhas
supõe a seguinte e a anterior

fortuna crítica

sonhou sonhos de poder & glória
pavoneou-se: espalhou jactâncias
pensou que era um profeta angelicaos
o penacho como um sol de solidão
no céu dos deuses marginais;
foi morar num palácio do Parnaso
entre líricos & burlescos
num penthouse pra lá de suas posses:
não passava de um novo-rilke

barganhas de babel

Alô. Alô. Alô.
Alô. Quem?
É.
Alô. Não.
Alô. Alô.
Como é o seu nome?
Não, não é daqui.
Eu sei. Mas qual é o seu nome?
Cláudia.
Alô. Alô.
Não desliga.

Ah, é?
Tem uma semana
que eu tento falar com esse número.
Desculpe, minha senhora.
Alô! Chama o Marcelo.
Fico só ouvindo a conversa dos outros.
Acho que é defeito.
Quer fazer o favor de chamar o Marcelo?

Quem é esse cara aí no telefone?
Cala a boca!
Sabe, Cláudia, o que tem de gente frustrada nesse mundo...
Sei.
Cala a boca!
Talvez a gente pudesse se encontrar.
Quem sabe?
Alô.
É a última vez que eu te ligo.
Você não pode fazer isso.
Ai, estou esperando há horas!
Quer chamar o Marcelo?
Alô. Alô. Alô.
De onde falam?
Alô. É você?
Cala a boca!
Quem sabe a gente não se encontra?
Só se for por acaso.
Sim, 274-2121.
Não, não está.
Alô?
Pode completar.

Minha senhora, quantas vezes
tenho de lhe dizer que não é
este o número?
Cala a boca, porra!
Que confusão. Assim não dá.
Eu ligo mais tarde.
Que tal irmos ao cinema amanhã de noite?
Pode ser.

Alô. Alô.
É claro. Não aguento mais viver
nesta droga de país.
Com quem deseja falar?
Quer fazer o favor de chamar o Marcelo?
Olha, eu não te amo mais.
Não pode ser.

Alô.
Desliga esta merda!
Não dá pra falar pelo telefone.
Alô. Alô. Alô.
Acho melhor um outro dia.
Que nada. Espera aí que eu vou
baixar a televisão.

Alô.
Pode dizer, não tem ninguém
ouvindo.

Alô.
274-3237?
É.
Olha, então manda dizer ao Marcelo
pra me ligar.
Falou. Encontro com você às 9
na Nossa Senhora da Paz.
Não adianta. A decisão está tomada.

Alô. Alô. Alô.
Aqui é da Companhia Telefônica.
Não é daqui, não.
Então eu vou de calça branca
e te espero perto da estátua.
Jockey Clube, boa tarde.
Seu aparelho está com defeito.
Isto é um teste.

Alô, espera.
Então era isso que você
tinha a dizer?

É só isso.
Eu sou alta, morena, de olhos claros.
Então não tem erro.
Não consigo ouvir direito.
Como?

Alô. Alô.
Então, tchau.
Não tem problema. Hoje de noite
está consertado.
É melhor a gente não se ver
nunca mais.
Alô, como?
Só mais uma coisa.
O que é?
Vou me matar.

Alô. Alô. Alô.
Alô?

quem diria

ser cético era sonho de consumo
quando eu me consumia sendo jovem,
ser joyce, guimarães ou ser vinicius
no trânsito das musas musicais.
naquele tempo ainda não sabia
que a mim só me cabia ser eu mesmo.
hoje mudei, Ulisses de mim mesmo,
procuro minha ilha em Tordesilhas,
uma sereia que me faça bem,
me faça mal, me faça quase tudo.
eu que só tinha o credo dos ateus
quero que a vida voe sempre assim
no piloto automático de Deus

debaixo do sol

eu fui, mas não sabia bem onde era.
sou tudo o que restou da primavera,
eu sendo às vezes o que nunca sou,
o emissário das sinistras potestades
que regem as entranhas deste mundo,
estranho mundo em que me sinto estranho
embora dele não seja estrangeiro.

Não há poesia sem asas ao vento

ainda sobre a pedra

em que lapidações hei lapidado
as pedras que carrego no meu peito?
será que é fado, por predestinado,
ou só invenção da ave que esvoaça?
será que essa loucura minha passa,
se pacifica ou fica para sempre,
o espectro dessas bem-aventuranças
que me perseguem no convés da vida?
será que são jubilações à toa,
por espantar a dor dos meus amares,
amores para sempre revelados
e rebelados nessa terra erma,
em que não tenho irmãos, nem sol,
nem ego?

a voz do mar

na nave língua em que me navego
só me navego eu nave sendo língua
ou me navego em língua, nave e ave.
eu sol me esplendo sendo sonhador
eu esplendor espelho especiaria
eu navegante, o antinavegador
de Moçambiques, Goas, Calecutes,
eu que dobrei o Cabo da Esperança
desinventei o Cabo das Tormentas,
eu que inventei o vento e a Taprobana,
a ilha que só existe na ilusão,
a que não há, talvez Ceilão, sei lá,
só sei que fui e nunca mais voltei
me derramei e me mudei em mar;
só sei que me morri de tanto amar
na aventura das velas caravelas
em todas as saudades de aquém-mar

conspirações

alguma coisa se desprende do meu corpo
                                                    e voa
não cabe na moldura do meu céu.
sou náufrago no firmamento.
o vento da poesia me conduz além de mim
o sol me acende
                                    estrelas me suportam
Odisseu nos subúrbios da galáxia.
amor é o que me sabe e o que me sobra
outro castelo que naufraga
como tantos que a força do meu sonho
quis transformar em catedrais.
ilusões? ainda me restam duas dúzias.
conspirações de amor, talvez não mais

molduras da esperança

mesmo sem receber prenúncios, urubus
e outros espectros cá nos meus umbrais,
espero que, entre as galas da galáxia,
chegue a mim a armadura de um amor.
por quê? não sei viver assim tão vasto,
privado das molduras da esperança.
sem isso eu Odisseu não saberia
fazer-me ao mar, alçar-me ao firmamento
voar até que o sol me estraçalhasse
por aspirar a alturas sobre-humanas.
por isso eu vos declaro, ó criaturas
que comandais o circo desse cosmo,
mesmo eu, que tantas vezes me insurgi
contra vossas vontades e poderes:
eu ardo de desejo e quero mais.

conforme a maré

é um privilégio ser o que me cabe
e o que pretendo para além de mim.
um pássaro naufraga no meu céu
e eu continuo projetando um horizonte
contra qualquer eclipse.
já sei que vou talvez me estiolando
embora nasçam flores no meu sonho
e a carne ainda se acenda em gozo.
quem sabe um dia saiba meus portantos
e tenha por sustento a aventura
de expor ao vento essa ave-vida.
as marés vão roendo o meu barco
a alegria nasce em cada porto
a lua segue em seu caminho
e eu sem profecias me adivinho

a vida é uma vida só
a vida é uma ávida
a vida é uma ave
a vida é uma
só uma
só

ilíada

nunca andei diante dos muros
de Troia
a não ser como parte do pensamento
de Zeus, que jamais dorme.
amei no entanto uma mulher que foi
morar do outro lado do Oceano
por quem chorei uns dois mediterrâneos
embora fosse um choro sem lágrimas.

não conheço a alegria do regresso.
meu coração perdeu todas as guerras.
meus navios partiram para nunca.
mas confio que os deuses são benignos
e os meus adeuses formam a cidade
em que ancorei meu barco:
e fico aqui na minha ilha-Ílion
enquanto eles desfilam em triunfo.

orfeu revisitado

eu, Orfeu, me demito
não tenho gás nem savoir-faire de mito
a musa me deixou no radiotáxi
bandeira 2 na porta do Parnaso
                    (chamei o Criador ao telefone:
                    oh Zeus: What the Hell
                    am I doing in Paradise?)
perdi meus verdes anos na ilusão
de ser o mais perfeito semideus
da nova geração: e agora, Orfeu?
Eurídice partiu com o Minotauro
e se perdeu no carnaval de Creta
Penélope, a paixão secreta,
não esperou o The End da Odisseia
e foi passar o último week-end
                    nos subúrbios de Pompeia
e agora, Orfeu?
o que fazer senão espairecer
ser e não ser o coração romântico
                    de Troia
sonhando precipícios
ao sol de um balneário de quimeras?

sobre a natureza

nunca soube me tornar civilizado,
faço no máximo as simulações.
sou selvagem na selva do meu peito
a chama que se chama coração:
me parto e me arremesso contra o céu
contrário a qualquer força que me oprima.
sou meu sistema-sol e girassol.
só não me basto em matéria de amor
a esfera-céu que sempre me pretendo.
meu desconcerto é parte de meu ser.
renuncio à arte de apartar da vida
tudo que não lhe pertença.
não sei quem diz por mim a minha fala
mas sua voz é semelhante à minha
e às vezes nela até me reconheço
como a lua girando no seu curso

epitáfio

pensou que a vida fosse um jardim de audácias
audácia não era nome de flor

sobre o amor

amor é coisa que se faz a dois,
segredo consagrado por um Deus
à sua escolha, a árvore ou a folha
que se despede do país dos ventos
e que acomete esses seus pensamentos
só seus, só meus, só vossos, sempre nossos.
parece papo de carola, cara?
eu sei, e tenho lá meu pedigree
católico apostólico carioca,
que fui lá nos confins da minha infância
e continuo em meu apostolado
ao lado da galera mais surtada,
que ainda crê na arte sendo vida
e vida convertida em vice-versa.
pois eu, se não existisse o tal do amor,
viveria exilado de mim mesmo.

à flor da língua

uma palavra não é uma flor
uma flor é seu perfume e seu emblema
o signo convertido em coisa-ímã
imanência em flor: inflorescência
uma flor é uma flor é uma flor
(de onde talvez decorra
o prestígio poético das flores
com seus latins latifoliados
na boca do botânico amador)
a palavra, não: é só florilégio
ficção pura, crime contra a natura
por exemplo, a palavra amor

belle de toujours

amei você por tantos anos-luz
por clandestinações talvez tramadas
por deuses, se é que há deuses no universo.
sei que nossos adeuses foram tantos
que não sei mais se foram cinco ou seis.
roubei de você o melhor dos meus versos,
me lembro dele como se ainda agora
tocasse a carnadura das palavras:
se fosse meu não lembraria assim.
passávamos as tardes e as manhãs
nos devorando nos jardins suspensos
do amor, quase sempre no Motel Havaí.
depois você partiu, foi se lançar
noutras esferas de um mundo maior.
guardo seu gosto aqui na minha boca
nas vãs arquiteturas do meu céu

navegações (2)

meu coração inventa seus abismos
à revelia do que eu queira ser.
surfo nas águas desse não saber
em que me lanço por navegações
que não supunha minhas.
amar é o mar em que me precipito
e sonho ser mais vasto do que sou.
a solidão é só a miragem-cais
onde se ancora o coração
em busca do que é nunca e não

o recado da deusa

ela dançou entre as lantejoulas do sol
oferecendo o céu de sua nudez,
e eu, que sempre quis provar o improvável
e tenho o coração contraditório,
me ergui do meu não trono
e do alto desse não saber que é sempre meu
me despi de todas as auroras
e vi que a vida é ávida de agora
e que ela era a resposta de um sonho
que eu jamais sonhara,
o mar-matéria em que eu, navegador,
me vejo convertido em vento e vela,
percebo que meu cais é nunca mais

o grafito do inferno

(copyright by Dante Alighieri)

L a s c i a t e
O g n i   s p e r a n z a
V o i   c h e
E n t r a t e

encyclopaedia VI

mulheres são alucinações do espírito
criadas para fomentar o espanto
arcanjas princesas do amor cortês
pandemônias amazonas messalinas
às vezes cospem flores pela boca
e borboletas pelas outras partes
frequentam sortilégios e sibilas
mas não confiam nas ficções do outro mundo
sempre sereias strip-teasers sherazades
prima-donas do mistério e do futuro
assim como as demais criaturas-fêmeas
igualmente dotadas de beneviolência

à flor da fala

é daqui mesmo que eu te conheço?
ah, não? então de que outro lugar será
que eu não te conheço? se eu fosse místico
talvez redecifrasse a tua face
de alguma encarnação imemorial
(ou desde o princípio dos tempos,
antes que os deuses desinventassem
os carnavais do caos);
mesmo não sendo místico diria
desse pequeno prenúncio de apocalipse:
agora sim compreendo a música das esferas,
os teoremas de Arquimedes de Siracusa,
a mecânica celeste e todos os demais
mistérios do reino deste mundo: só quero
conhecer-te ainda nesta encarnação:
antes que a minha alma improvável
se arremesse na província do nada,
a morada dos seres sem amor

o sopro da deusa

me deleito no leito da poesia
a deusa que me acolhe com constância.
as outras, conforme a circunstância,
a fome de inventar o vento-amor.
sopro suas velas e ela se revela
em sua precariedade e seu esplendor.
é um rito que repito sem saber
se outra mão ampara a minha mão,
se sou ou se não sou conquistador
dessas conquistas feitas só de éter.
minhas palavras nunca foram minhas,
mas foram me forjando com sua força
até que me tornasse esse não ser
feito de arquiteturas sem lugar
senão no reino-sonho que fundei.
essas palavras sopram-me presságios
e nelas plantarei os meus naufrágios.

poesia épica

às vezes, inimigo de mim mesmo,
lanço-me às feras, queimo meus navios,
declaro guerra a Troia ou a Cartago,
e acabo sempre por amor vencido

som e fúria

nunca me perguntei qual é o sentido
                                                da vida
a vida que se expande numa flor
a vida que se expõe e se dissipa
como tudo se dissipa nessa alucinação
chamada mundo.
não sei se alguma ideia desse circo
                                                        fica
ou se solidifica,
se liquefaz e faz a sua hora
se configura em forma de matéria
                                                sonho
ou se dissolve como a mulher amada
que de repente perde o esplendor
e se reconfigura como falta
em forma de saudade

reciprocidade

o amor
desfaz
a noção
do tempo.
o tempo
desfaz
a noção
do amor.

o tal total

o amor é o tal total que move o mundo
a tal totalidade tautológica,
o como somos: nossos cromossomos
nos quais nunca se pertenceu ao nada:
só pertencemos ao tudo total
que nos absorve e sorve as nossas águas
e as nossas mágoas ficam revoando
como se revoltadas ao princípio,
àquele principicío originário
onde era Orfeu, onde era Prometeu,
e continua sendo sempre lá
o cais, o never more, o nunca mais,
o tal do és pó e ao pó retornarás

dissonância

depois do dia em que você morreu
(ou só morreu aqui dentro de mim)
enlouqueci, fiquei fora de si,
exorbitei, gastei exorbitâncias,
as ânsias do passado e do futuro.
em suma, eu me matei ou me morri
depois ressuscitei e recitei
meus paradoxos, minhas paralaxes,
perdi a fé, o centro, o astro rei
os para-lamas da minha sintaxe,
só me restando como contraforte
o dom de me entranhar noutras criaturas
e fabricar fragmentos de poesia,
eu kamikaze de mim mesmo
extravagando a esmo à toa ao léu
sem direção, sem coração, sem lua
desorbitado para além de mim

a fala da paixão

em tua fala a língua caravela
desenovela em busca de outros mares
metáforas da fala: a antifala
ou inefável fala com caprichos
de boca navegada nunca dantes
AH SE EU SOUBESSE AMOR A TUA TRAMA
ao sul de qualquer fala decifrasse
esse país de fala indecifrada
amor que me não singra as minhas angras
mas sim me sangra em mar amor amor

suma teológica

não aprendi senão a procurar
por trás da rosa a ideia da rosa.
não encontrei sinais da metafísica
a não ser nas graças da amada
e em três ou quatro enigmas,
insígnias de um mistério irrevelado.
sei que os edifícios se dissolvem,
os corações inventam seus escombros
ou, ao contrário, se alicerçam numa
flor.
em suma, o mundo gira, a flor se expande
e qualquer tempo compreende a ideia
do efêmero
e da eternidade

o elogio das índias ocidentais

ó cunhãs, ó indiazinhas em flor
quisera ser o vosso Pero Vaz
cronista das vergonhas saradinhas
naufragar nestas Índias do Ocidente
cheio de fantasias orientais
ser vosso fauno sem après-midi
cevado (ai de mim) a aipim e cauim
até me converter num querubim
e, numa patuscada bem pagã
(Cubanacan ao fundo no atabaque),
oferecer o corpo em holocausto
para sentir, com a graça de Tupã,
os vossos dentes me mascando a carne
nhaque   nhaque   nhaque

neoplatônica

a boca é o lugar onde se engendra
o silêncio e se proferem sentenças
de morte e se colhem blasfêmias
e serpenteiam sortilégios
e se enfunam as flores da fala
até forjar a ficção de outra boca
de onde se extrai a ideia do beijo

como fazer florescer a flor?

casar ou não casar, esta é a questão,
é assim aqui ou no Cazaquistão,
que eu chamaria de Casarquistão,
ou, se você quiser, Quiserquistão;
o que está fora de questão é amar-te,
mesmo que fosse em Vênus ou em Marte;
mas, se eu pudesse escolher, acredite,
escolheria o reino de Afrodite,
não sei se por qualquer superstição
vinda, sei lá, de algum Seilaquistão,
ou por amor de outras mitolorgias,
dos orixás da Grécia ou da Bahia;
não que lá em Marte fosse amar-te menos:
mas eu preferiria amar-te em Vênus

nevermore

fizemos piqueniques em Pasárgada
tramamos romances rocambolescos
nas praias mais improváveis.
cifras grifos dragões d'além-mar
cuspiam fogo em nossa eros-dicção
você era mais luz: eu era mais treva
fomos quase felizes para sempre
antes que você escolhesse o dia
a hora o grand-finale do espetáculo
(ou não escolhesse: a morte é sempre
um pas-de-deux com o deus do acaso)

epitáfio em pessoa

por incapaz de confiar nos áugures
que lhe previam proezas e prodígios
façanhas nunca dantes cometidas,
fez-se conquistador de Tordesilhas
e ilhas já de há muito conquistadas,
domador de dragões, criaturas-fêmeas
e seres igualmente inamestráveis;
como não cometesse as tais façanhas
que pressupunha a si predestinadas
(entre as quais dois golpes de estado,
três waterloos, cinco triunfos à moda
romana, treze ovações espontâneas)
saiu pedestremente do proscênio;
aprendeu grego em busca de quimeras
e harpias, para que a poesia
se enchesse de presságios de outras eras
(sinais no céu, sonhos de primavera)
e recolheu-se a esta selva, imaginária,
onde cultiva flores e metáforas
à falta de outras bestas-feras

o tempo é onde o mar com suas plumas
é onde um pássaro exposto ao sol
é onde um gesto uma lembrança uma palavra
é onde o rastro de todos os sóis
/se insurge contra a morte

a origem da espécie

Orfeu, filho de Calíope,
era capaz de encantar as feras
e fomentar o balé das pedras
só às expensas do canto & da lira.
em busca de Eurídice, a falecida,
passou uma saison no Inferno
onde ganhou as graças de Perséfone
e o direito ao resgate da amada
se resistisse ao sol da sua face
até que a luz exterior a iluminasse
etc. etc.
conheceu o luto do absoluto
expôs-se ao sol nas praias do arquipélago
e criou um culto em honra de si mesmo.
como desfecho, duas hipóteses:
1) ou despertou a ira de Dionisos
cujas asseclas Mênades o degolaram
e sua cabeça ainda cantou à flor do mar
no rumo da ilha de Lesbos
2) ou foi fulminado por um raio
por divulgar os segredos do céu

manual dos 40

1) não mencionar as ilusões perdidas
(é só um romance de Honoré de Balzac)
2) cultivar os poetas gregos
para provar que, desde os primórdios,
o mundo faz (ou não faz) sentido
3) trocar a máscara da rebeldia
pela fantasia da satisfação
esquecer os trotes e os foxtrotes do mundo
(talvez converter-se ao zen-budismo)
4) acreditar, conforme os mestres do espírito,
que as piratas e conspiratas da carne
são contrárias ao processo civilizatório
5) amancebar-se com Mnemosyne, a memória,
musa dos corações veteranos:
enfim, proustituir-se
6) recordar (à sorrelfa) que os poetas
espadachins espanhóis do Século de Ouro,
a despeito de suas façanhas físicas e metafísicas,
morreram ao redor dos 80

crítica ao manual dos 40

1) é falsa a menção às ilusões perdidas:
o poeta continua crédulo e cretino,
no melhor dos mundos
2) esforço de afetar certo ceticismo
(fracassado, aliás) por pudor de confessar
secretas fantasias de poder
3) não merece comentário
4) o único fragmento ao menos sincero,
no qual o poeta exprime sua paixão
pelo sublime
5) alusão bizarra ao romancista Marcel Proust,
de quem o poeta não leu nem a Recherche
6) erro bisonho: no Século de Ouro
octogenário só Calderón de la Barca,
dramaturgo, não os poetas; provável
sintoma da decrepitude do poeta

rosa dos ventos

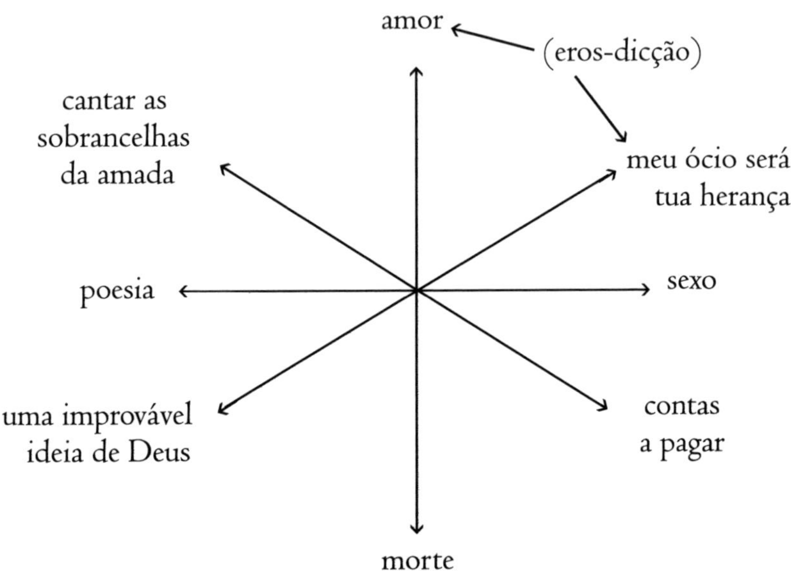

manual dos cinquenta

ao longo desses anos, fez mil planos,
quase todos ainda irrealizados.
perdeu o pai, a mãe; perdeu também
parte da faculdade de enxergar
que sempre pareceu-lhe imprescindível,
por permitir-lhe perscrutar poemas
e contemplar as criaturas belas;
só acumulou espantos e quimeras,
mas continua crédulo e cretino,
e ainda pior: repleto de esperanças.
em suma, continua acreditando
que a realidade é uma alucinação
criada pela falta de utopia.

se um dia for ceifado deste mundo
(como se vê, é um otimista irredutível),
talvez alguém escreva em sua lápide:
a eternidade dura muito pouco:
eu quero ser feliz aqui e agora

rosa-dos-ventos novos

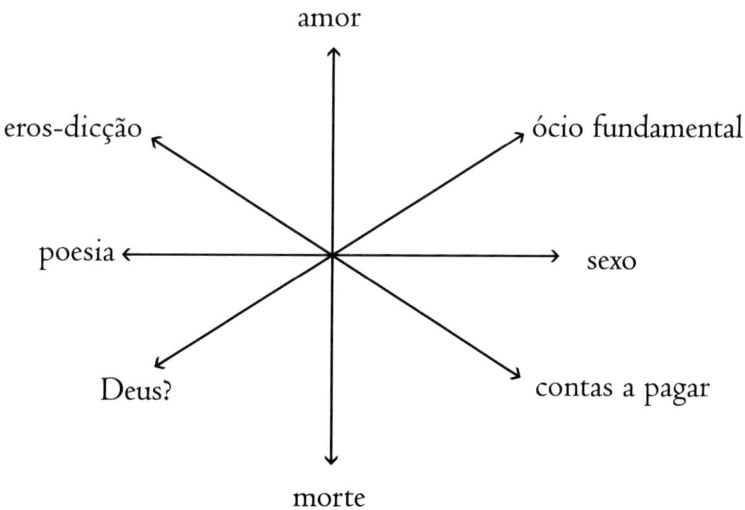

revisão da rosa dos ventos

a rosa continua quase a mesma
contendo os mesmos pontos cardeais:
amor que move o sol e outras estrelas,
como já disse o Dante Alighieri,
a morte ali, espreitando, impressentida.
o sal da vida? o sexo e a poesia,
não necessariamente nessa ordem.
a amada finalmente se encarnou
em rosa, primavera, eros-dicção;
o resto é caos, desordem, dispersão,
essa matéria estranha que nos tece
e nos destece à nossa revelia

erros meus, má fortuna e amor ardente
(copyright by L.V. de Camões)

Eros meu, mais fortuna e amor aos dentes
(essa mulher só pensa em cocaína)
que perdições (ou predições) me reservara
a musa das paixões oh musa avara
essa mulher s'amuse às minhas custas
com a ironia das amantes raras
escuta, cara, larga o meu pescoço
eu digo curto & grosso a essa menina
e ela com requintes de crueza
me enraba à luz da lua me alucina
(ah saudade do meu lado masculino)

a semântica das rosas

o signo rosa significa a rosa
a rosa em si mora no mundo
e é no fundo a flor da metaflora
que só floresce nos jardins suspensos
de Platão

(assim, se não se sabe se uma pena
é uma pena ou é uma pena
também nunca se sabe se uma rosa
é uma rosa ou é somente a insígnia
o enigma ou a senha ou a metáfora
significando alguma outra rosa)

em suma, cada signo é uma ponte
entre a palavra, seu império
e cada rosa sempre indecifrada
em seu mistério

axé

ASSIM TACHE
A SINTAXE:
AH, SIM: TÁXI!

física e metafísica

confundo os dias fastos e nefastos
sou sempre o mesmo, mesmo não querendo.
vário, talvez, mas conhecendo o estilo
com que desfilo, os filamentos que se
esgarçam
as graças de que desfruto
o usufruto desta vida cheia de bem
e de mal
tenho por céu o que não me pertence
o que paira no ar sem que eu perceba.
por inferno? talvez esta aventura
em que me confino, sempre à revelia.
um dia hei de ser múltiplo de mim
do fim até o princípio
deixarei de ser esse mercado persa
minha alma enfim se encontrará comigo
ou vice-versa

farol na beira do caos

raras vezes concordo comigo.
outros seres passeiam no meu ser.
às vezes sai surfando no meu céu
um Deus que não é meu.
sou multidão e sou sozinho.
a linguagem é o meu sol,
hei de orbitar sempre ao seu redor.
não tenho máscara que me sustente.
sou refém dos afetos do caminho
na impermanência desse caos de mim

a sombra

sempre fui traficante de palavras
falácias, florações, flores do mal
falas impróprias, locuções malditas
na gira das paixões incandescentes
sem mente sã, sem corpo são, sem xongas
piçurumbetas, neres de pitibiribas
sempre ao som das trombetas mais insanas
insone desde os verdes negros anos.
agora, exposto às erosões do tempo,
eis-me assombrado à sombra deste mundo,
sem os dosséis dos céus da metafísica,
sem teto em meu trapézio de esperança
sem rede, só paixão, sempre ao relento

o solipsismo

só lida
com sua sólida
solidão

o elogio dos soníferos

soníferos eu lanço contra as feras
que me devoram a solidez do sono.
a solidão em si não me apavora.
os outros são o inferno, o purgatório
e às vezes são também o paraíso.
não sei do inverno que virá ou não
virá, ainda não formei juízo.
aliás, juízo sempre me faltou
e há de faltar, espero, até a morte,
esse capítulo da história natural,
contra o qual não farei rebelião.
amparo metafísico? não tenho.
invejo o céu, a dança das esferas,
morro de inveja do Ptolomeu,
vagando a salvo nas cosmologias
com Deus no centro, o resto ao seu redor.
não tenho centro, cetro ou direção.
a mim só não me falta coração

navegações

sou quase tão insano quanto Dona Maria,
a Louca.
preciso espairecer, ser e não ser,
senão naufrago no meu próprio mar.
preciso navegar uma mulher
que me devolva a minha solidão
para que eu torne a ser o rei dos turcos
e, às vésperas de tomar Constantinopla,
possa dizer adeus a todas as pompas,
depois mirar a proa do meu barco
no rumo do infinito
e enfunar as velas de púrpura
por pura inspiração do teu amor
em qualquer mediterrâneo da imaginação
eu na galera de Nabucodonosor

miragem em abismo

não sei de que tecido é feito o ser.
meus planos sonhos enganos
se tecem na fábrica da vida
e se destecem na arquitetura do caos.
vou criando edifícios em que me
                                        demoro
e de onde salto em busca de não sei.
meu ser é parte dessa miragem
                                        em abismo
um espelho em que me não vejo
e em me não vendo acendo a chama
que se chama desejo.

talvez do outro lado exista um cais.
sei que sempre existe certa distância
                                        entre mim
e o circo da minha circunstância

filosofia

o tempo é uma ficção criada há pouco
tempo.
será desinventada no futuro
onde as rosas prescindem do jardim.
o tempo do relógio é uma miragem
tão irreal quanto qualquer camelo
passando no buraco de uma agulha.
metáforas são flores do pensamento
pensadas para que se possa pressentir
que o tempo é uma aventura aqui,
agora
que se eterniza ou sequer agoniza:
se precipita no caos.
o tempo é a flor do caos
de onde as naus nunca regressarão
porque haveria sempre um tempo a mais
entre uma nau e a ideia do seu cais.

juízo final

amou três ou quatro sereias, sempre
marinheiro de primeiro naufrágio;
jurou em falso, disse meias verdades;
perambulou em busca do sublime,
sem nunca descobrir o Santo Graal;
andou atrás de um deus que fosse cômodo;
como esse deus não se desencantasse,
cantou a lua e outras deusas inconstantes;
refratário às ciências, desconfia
que o Sol gira ao redor da Terra
e o homem é um animal fadado à extravagância;
às vezes sofre acessos de grandeza,
supõe-se demiurgo e pandemônio,
mas o mundo sempre se rebela
contra suas malfundadas esperanças
e o reduz à sua insigne insignificância.

eternidade

para os estoicos o tempo não era
a mera caravana dos sucessos
essa aventura quase sempre sem sentido
no rumo da anti-Canaã
a terra onde não há qualquer Moisés
extravagando no Deserto dos Sinais

existe assim um outro tempo, imóvel,
no qual paira a palavra impronunciada,
o mito, sendo tudo e nada,
e ideias como flores ainda à espera
de outra Era ou só da primavera
e da decifração posterior

em suma, se os estoicos não criaram
um sistema solar irresistível
capaz de orientar a órbita dos astros
e as caravelas do conquistador,
em troca talvez tenham inventado
a melhor metáfora do amor

memórias póstumas

embora todas as coisas ao meu redor
continuem caindo,
por força da gravitação dos corpos,
ainda sustento dois ou três sonhos
a alegria de rever os amigos
a esperança de amar até que a morte
me carregue do reino deste mundo,
o único reino em que jamais reinei.

se houver reinos além, serei feliz.
se não, não creio que o mundo perdesse
coisa alguma com minha partida,
a não ser por certo modo de ser e não ser
que outros saberão exercitar.
saberei me curvar à minha insubstância
e sumo nas não esferas do éter
eu arlequim nos carnavais do caos

balada do impostor

sou um impostor, um dia saberão
que simulei tudo o que sempre fui.
sou uma ficção, meu sangue é só linguagem
meu sopro é uma explosão que vem de dentro
em forma de palavra.
quando já não for mais, serei eu mesmo.
enquanto tardo, trapaceio contra o tempo,
a máquina que vai me devorando,
e vou passando como tudo passa
em busca de uma graça que ultrapasse
o círculo da minha circunstância
o espelho que não seja senão o outro
esse que me habita e que me espreita
e, não sendo eu, me acata os meus espantos

quase soneto a quatro mãos

até a morte eu me atormentarei
pelo que descobri e não encontrei,
pelo que, pascaliano como sou,
eu compreendi e ainda assim maldigo.
sou o idiota mais perfeito, aliás,
por feito mais de carne que de gás.
é esse o fado que me leva adiante
num mundo para o qual não sou prestante.
tudo o que tenho as mulheres me deram:
consolação, razão para existir.
benditas berenices, beneditas.
também sejam benditos meus amigos,
pois gosto deles, tenham longa vida,
e até eu mesmo, que não a mereço,
mas que a observo e sei qual é seu preço.

Poema escrito originalmente em inglês, por João Ubaldo Ribeiro, depois traduzido para a última flor do Lácio pelo modesto locutor que vos fala.

novo panglossário dos seres inessenciais (6)

o relógio é a máquina onde se guarda
a morte (contra a qual se rebelam o logos
os fogos da fala as ficções a cabala
sem saber que este mundo será sempre
refeito e infinitamente aniquilado
(cf. Epicuro), a revolta de Zeus
contra a insolência do sol
capaz de apagar a cena de Alcmena,
assim forjando a fabricação do infinito
e, por façanha de amor, a revogação
dos relógios)
onde a não música das esferas ecoa
& o resto se escoa gota
                                        a
                                                  gota

autorretrato deprê

não sei mais quase nada do que fui.
toda memória vai virando escombros.
hoje me reconheço mais nos outros
poetas que frequento desde sempre.
a face deles segue imperturbada
enquanto eu sofro as erosões do tempo.
todo poeta nasce um pouco póstumo
como volúpia de vencer a morte.
a morte, esse ser vasto e corrosivo
que nos vai corroendo desde dentro.

o estrangeiro

sempre fui estrangeiro neste mundo
exceto aqui, na minha solidão,
ou acolá, no colo da paixão.
por isso converti-me em vagamundo
extravagando para além de mim,
girando ao meu redor, na mesma rua
onde passeio minha umbiguidade,
o Édipo rei do Rio de Janeiro,
a minha mátria amada idolatrada,
onde me abrigo, príncipe e mendigo,
e digo quase tudo quanto penso.
é aqui mesmo, neste jardim suspenso,
entre o céu e as palmeiras imperiais,
que hei de viver a minha vida inteira
por vício, compulsão, vilegiatura,
amor aos trópicos, aos filantrópicos
e às deusas despencadas sobre mim.

a outra voz

não adianta, nada neste mundo
pertence a ti, nem essa ínfima parte
que te compete recifrar em arte.
só é teu o circo das desilusões,
o canto das sereias, o naufrágio
no qual perdeu-se a vida, o rumo, a nave,
a memória da ilha em que viveste
o ato inaugural da tua odisseia.
Penélope esgarçou-se em muitas faces,
e mesmo a guerra, com seus alaridos,
só sobrevive nas versões dos bardos.
não há mais ilha, nem há mais princípio:
teu principado é só imaginário.

odisseia

os deuses tecem mantos de tristeza
para que não nos falte o que cantar

FABULOSA JORNADA AO RIO DE JANEIRO

(rap-rapsódia exaltação)

1. De como eu, Brás Fragoso, vim dar às terras do Brasil, por ordem de el-rei Dom Sebastião, o Desejado

Rio-verão, pós Eva e Adão, cheguei:
segundo a lenda, os outros navegantes
que por este cenário navegaram
supunham que aqui fosse foz de um rio,
ou chamava-se "rio" a qualquer angra;
e como o mês talvez fosse janeiro,
chamaram o sítio Rio de Janeiro,
futura foz de tanta fantasia.

eu vim com a armada de Estácio de Sá,
fidalgo, primo do Governador,
para tomar o Rio dos franceses
heréticos blasfemos protestantes
traficantes da *Caesalpinia echinata*
vulgo pau-brasil
o ouro original de nossas matas.

como se não bastasse esse pecado,
ainda faziam com nossas nativas
o mesmo que Jacó fez com Raquel
e Davi praticou com Betsabá.

assim se originou minha odisseia:
eu mal sabia das desaventuras
que mudariam todo o meu futuro,
por força de meus sonhos naufragados;
e embora batizado Brás Fragoso,
aqui meu nome, Brás, virou Brasil,
e o Fragoso tornou-se Naufragoso.
mas pra saber dessa aventura inglória,
há que saber, no entanto, a minha história.

2. Breve retrospecto das condições adversas em que encontrei a terra do Rio de Janeiro

na Baía da Guanabara
não havia como apartar o joio do joio
era tamoio ligado com francês
era francês ligado com tamoio

TUDO DOMINADO

os donos do tráfico os traficantes
todo mundo cantando em coro:

(Entra o funk "Tá tudo dominado",
com a voz processada pelo DJ, misturando
frases em diversas línguas.)

todos os tamoios nas trapaças
                    dos franceses
colonizados no Forte Coligny
                    colignyzados
só quem não fazia parte da tramoia
                    era Arariboia
ex-cacique exilado em Cabo Frio
                    agora office-tupinamboy
não podia nem desembarcar em Niterói
você não sabe como é que dói.

3. De como encontramos no Brasil um aliado paranormal, sem o qual nossa vitória seria impossível

felizmente, além da fé e da razão,
tínhamos do nosso lado um super-herói:
o irmão José de Anchieta.

Anchieta, com o perdão da má palavra,
era um jesuíta carne de pescoço,
conversava com os bichos e com as feras,
chamava urubu de meu brother
e papagaio de meu louro,
e quando não tinha homem branco
                    urubuzando por perto
Anchieta andava sobre as águas
e de vez em quando voava,
voava sobre a terra e sobre o mar,
nunca deixando um português olhar
porque nós, o pessoal de Portugal,
somos mais burros do que São Tomé:
necessitamos ver para não crer.

Anchieta, não contente em escrever
a primeira gramática da língua tupi,
ainda ensinou os índios a dizer
goodbye, arrivederci, hasta la vista
tudo isso no mais perfeito latim.

e quando alguém era inimigo do império
                              /de Portugal,
Anchieta baixava o pau.

graças a ele e aos seus superpoderes,
superamos as tempestades do verão
& no dia primeiro de Março
desembarcamos cá para fundar
entre o Cara de Cão e o Pão de Açúcar
esse projeto de esplendor à beira-mar:
São Sebastião do Rio de Janeiro.

4. De como fizemos o desembarque, comandados por Estácio de Sá

aqui fincamos nossos estandartes.
e Estácio começou a dizer suas palavras,
"Em nome de el-rei Dom Sebastião",
etc. e tal,
mas ninguém lhe prestou atenção.
porque vimos, através do olhar de Anchieta,
o espírito de Deus se mover sobre a face
/das águas.
depois Deus apartando a luz das trevas
depois Deus chamando a luz de Dia
e chamando as trevas de Noite,
e da noite e da manhã fez-se o primeiro dia.

e Deus chamou o firmamento de Céu,
e Deus separou as águas e as terras,
e etc. etc.
e nós, maravilhados, assistindo ao Gênesis
no camarote vip na Praia Vermelha.

fomos erguendo a nossa paliçada,
tudo miraculosamente bem,
até que no sexto dia, na hora do descanso,
os tamoios mandaram em cima da gente
uma chuva de flechadas.

Anchieta tentou segurar a rapaziada
dizendo que Deus ia nos proteger,
ia salvar a nossa vida,
mas neguinho já tava careca de levar
flecha perdida.

5. De como sobrevivi à chuva de flechadas

um mês depois, o Anchieta se mandou.
e nós aqui, na chuva de flechada,
tomando pau, borduna e cacetada,
comendo o pão que Belzebu amassou.

pensei até em escrever uma epopeia
contando tantos feitos e malfeitos.
mas não achei herói de nenhum lado:
Estácio era um rapaz meio fechado,
e o chefe dos tamoios, Aimberê,
com esse nome, não dava pra escrever.

(Entra uma índia belíssima, com figurino de Jean-Paul Gaultier em versão tropical.)

foi então que encontrei Paraguaçu,
a teteia top model do Baixo Grajaú.
Paraguaçu, falsificada de pai e mãe,
foi trazida aos doze anos do Paraguai,
e aqui, nas praias da Guanabara,
adquiriu a cultura francesa,
conhecia o *fleur de rose*
o *ne me quitte pas*
o *voulez-vous coucher avec moi.*

por obra e graça de Paraguaçu,
eu desisti de ser só português.
e assim me transformei em portugaio,
cruza de português com paraguaio.

6. De como fui me adaptando ao modo de vida da mui leal cidade de São Sebastião do Rio de Janeiro

e foi assim que eu me tornei mestiço
ou seja, nem isso nem aquilo
imaginei que eu era o poeta Sá de Miranda
só admirando os prodígios do Novo Mundo
fiquei doidão, curtindo a realidade
da mui leal cidade de São Sebastião
só fumando & espiando o movimento
tupinambá vendendo mate biscoito Globo
tupinambá de olho na pulseirinha da turista
cunhã na pista oferecendo os balangandãs
tupinambá se declarando dizendo que a cunhã
tupinambá é mais gostosa do que bolo de fubá
cunhã tomando sol jogando frescobol
cunhã na prancha no bodyboard
tupinambá malhando exibindo o corpão
e eu vendo cada coisa do balacobaco
fumando esse negócio chamado tabaco

achei que tinha chegado ao Paraíso,
pensei em me lembrar de certos versos
que celebravam as graças do universo
mas não lembrei foi xongas, nada não
de tanto que fumei meu baseadão

7. De como percebi que as aparências são enganadoras no Novo Mundo e desejei sinceramente ter ficado em Portugal

de repente, acabou-se o que era doce
Paraguaçu, minha deusa paraguaia,
aproximou-se do meu guarda-sol
à sombra das bananeiras em flor e disse:

PARAG.: "Eu queria te comer todinho."
sorri, sem compreender a ambiguidade
que estava por detrás da fala dela, mas já
escolado na fala local, lhe respondi:

BRÁS: "Não é uma frase muito apropriada
pra uma índia bem-educada, mas eu aprecio
a ideia, tô dentro."

PARAG.: "Tá dentro é do moquém."

BRÁS: "Que diabo é moquém? Quem te ensinou a falar assim, quem?"

PARAG.: "Meus ancestrais, a minha mãe,
a mãe da minha mãe (em francês), *mes amis tupis.* Tupãna, Tupã."

ela então começou a me apalpar.

BRÁS: (gostando) "Não adianta me apalpar,
que eu só gosto mesmo é naquele lugar."

PARAG.: (sorrindo) "Eu vou ficar só com
as tuas vísceras. Tua cabeça quem vai comer
é Aimberê, depois de te baixar a borduna.
Os curumins vão beber o teu caldinho."

BRÁS: (com terror) "Paraguaçu, você não pode
fazer uma coisa dessas comigo! Eu sou
teu irmão, teu amásio, teu amigo!"

8. De como recorri à Divina Providência, porque era esta a última providência que me restava tomar

eu que ainda era mais ou menos moço
não tinha idade pra virar almoço
filé sem osso alcatra bacalhau
pra um bando de tamoio canibal,
e furibundo dirigi-me aos céus:
"Ora, Senhor, que tanto me maltratas:
Já me trouxestes a este cu do judas,
E, para arrematar, ainda me matas?"

(Ouve-se um estrondo ao fundo.)

então ouviu-se um estrondo de canhão:
chegaram galeões de Portugal!
e eu assisti do morro do Castelo
ao embate o arranca-rabo o xeque-mate
sem saber qual era o bem, qual era o mal.

9. De como minha história chegou ao juízo final, ou à desgraciosa falta dele

e veio a guerra e veio a destruição
Paraguaçu fugiu com um temiminó
e foi passar o verão em Guarapari
Aimberê, coitado, foi pras cucuias
virou constelação tupinambá
Estácio tomou uma flecha na cara
morreu flechado como nosso padroeiro
São Sebastião do Rio de Janeiro

e vi todas aquelas almas voando
as almas são mais leves do que o ar
se é que há mesmo almas neste mundo
se não as há, talvez haja mais além
onde os pedaços desconexos da vida
onde os pedaços desconexos
onde os pedaços
lá onde a vida se rejubile
e as alegrias passem em desfile
na Marquês de Sapucaí do infinito

só sobrei eu, já meio soçobrado
só eu: a obra e a sobra
todas as minhas nações e encarnações
para sempre aqui
eu era agora carioca
malocado na minha maloca
num muquifo no Cortiço
ou num barraco do Morro da Favela
ex-Brás Fragoso agora apelidado
Brasil Naufragoso
porque minha alma naufragou aqui
aqui fiquei e aqui me edifiquei
e o pior é que gostei

Dedicatórias

madrigal triste, a Elisa Byington
sobre a verdura, a Vera Hime
bazar de espantos, a Ana Paula Pedro
quem diria, a Lúcia e Luís Fernando Verissimo
ilíada, a Ulla Werneck
sobre o amor, a Tônia Carrero
à flor da fala, a Amora Mautner
manual dos cinquenta, a João Ubaldo Ribeiro
o elogio dos soníferos, a Cora Rónai
miragem em abismo, a Maria Adelaide Amaral
juízo final, a Maria Padilha
o estrangeiro, a Magali e Sérgio Cabral

Sobre o autor

1952 Nasce em 11 de junho, em Belo Horizonte.

1955 Sua família se muda para o Rio de Janeiro.

1968 Escreve letras para canções de Eduardo Souto Neto.

1969 Participa da banda O Poder Assolador da Lapa, juntamente com Danilo Caymmi, Piry Reis e Paulo Jobim. O grupo grava um LP.

1970 Suas canções são gravadas por diversos intérpretes. Publica seu primeiro poema, no jornal *Estado de Minas*.

1971 Começa a compor com Egberto Gismonti. A primeira canção da dupla, "Água & vinho", dá origem a uma parceria de mais de trinta anos e cinquenta canções.
Entra para o curso de Filosofia, na UFRJ.

1972 Conhece Olivia e Francis Hime, com quem faria, anos mais tarde, dezenas de canções.
Entra para o curso de Letras, na PUC do Rio.
Torna-se produtor e autor da maior parte das letras do álbum *Água & vinho*, de Egberto Gismonti, de quem também produziria os dois LPs seguintes.
Com músicas de Gismonti, escreve letras para as peças *Encontro no bar*, de Bráulio Pedroso,

e *Seria cômico... se não fosse sério,* com Fernanda Montenegro. Participa da Expoesia, na PUC, organizada por Affonso Romano de Sant'Anna.

1973 Inicia parceria com o compositor argentino Astor Piazzolla, com quem viria a escrever quinze canções.

1974 Ney Matogrosso grava sua primeira canção em parceria com Piazzolla: "As ilhas."

Lança seu primeiro livro de poesia, *Na busca do sete-estrelo,* Mapa Editora, na Coleção Frenesi, da qual fazem parte os poetas Cacaso, João Carlos Pádua, Francisco Alvim e Roberto Schwarz.

1975 Passa quatro meses em Roma, a convite de Piazzolla, escrevendo um musical. Vinicius de Moraes e Toquinho gravam a canção "Choro de nada", parceria sua com Eduardo Souto Neto.

1976 Produz e escreve a maior parte das letras do disco *Durante o verão,* da banda A Barca do Sol. Entre os integrantes do grupo, o compositor Nando Carneiro, seu irmão, com quem com poria dezenas de canções.

Escreve, com Egberto Gismonti, canções para o espetáculo *Festa de sábado,* texto de Bráulio Pedroso.

Participa da antologia *26 poetas hoje*, organizada por Heloisa Buarque de Hollanda.

1978 Começa a compor com o maestro John Neschling. A primeira canção da dupla chama-se "Rita Baiana" e é gravada por Zezé Motta, para o filme *O cortiço*.

Em parceria com Bráulio Pedroso, escreve o musical *Lola Moreno*, inspirado na Era de Ouro do Rádio. Colabora em revistas e jornais como *Veja*, *ISTOÉ*, *Manchete*, *Status* e *Playboy*.

Tom Jobim e Miúcha gravam também a canção "Choro de nada".

1979 Escreve, com John Neschling, as canções do musical *Lola Moreno*, encenado no Teatro Ginástico, com Ney Latorraca, Lucélia Santos e Grande Otelo nos papéis principais, direção de Antonio Pedro. Produz LP de estreia da cantora Olívia Byington, para o qual escreve oito letras.

Dá aulas de criação literária na Faculdade de Letras do CUP, a convite de Luiz Costa Lima, durante dois anos.

1980 Publica *Verão vagabundo*, seu segundo livro de poesia, pela editora Achiamé.

Dá aulas sobre poesia na Oficina Literária Afrânio Coutinho.

1981 Traduz a peça *A tempestade*, de W. Shakespeare, encenada durante os dois anos seguintes, no Parque Lage, direção de Paulo Reis.

1983 Escreve a maior parte dos textos do espetáculo *Apenas bons amigos*, encenado no Teatro de Arena, com direção de Antonio Pedro.

Escreve o espetáculo *Folias do coração*, com direção de Claudio Torres Gonzaga.

Publica *Vinicius de Moraes: a fala da paixão*, ensaio biográfico, pela editora Brasiliense.

1985 Por encomenda da atriz Maria Padilha, traduz e adapta a peça *As You Like It* ou *Uma peça como você gosta*, de Shakespeare, encenada com direção de Aderbal Freire-Filho.

Com Bráulio Pedroso, escreve a minissérie *Tudo em cima* e cria a série *Tamanho família*, ambas exibidas pela TV Manchete.

Escreve a peça *A bandeira dos cinco mil-réis*, encenada no ano seguinte, com direção de Aderbal Freire-Filho.

Escreve o documentário *Sônia, morta e viva*, Tucano de Ouro no II FestRio.

1987 Adapta para o teatro o conto "Lúcia McCartney", de Rubem Fonseca, com direção de Miguel Falabella.

Escreve, com Millôr Fernandes, o roteiro do filme *O Judeu,* direção Jom Tob Azulay, futuro vencedor do Festival de Cinema de Brasília.

Adapta, com Antonio Pedro, a peça *Pluft, o fantasminha,* de Maria Clara Machado, para musical, encenado no Teatro João Caetano.

A convite de Wagner Tiso, escreve o poema "Manu Çaruê", que daria origem a CD e espetáculo homônimo, com direção de Walter Lima Jr.

1988 Publica *Piquenique em Xanadu,* pela editora Espaço & Tempo. Recebe o prêmio Lei Sarney de melhor livro de poesia do ano.

Escreve os poemas da cantata "Carnavais", com música de Francis Hime, encomendada para a abertura do Festival de Inverno de Campos do Jordão. Escreve, com Márcia de Almeida, o roteiro do filme *Eternamente Pagu,* com direção de Norma Bengell. Considerado melhor filme pelo júri popular no Festival de Gramado.

1989 Adapta *Lulu,* de Frank Wedekind, com direção de Naum Alves de Souza.

Escreve poemas e textos para o especial *Homem 90,* da TV Globo, com a participação de Tom Jobim, Chico Buarque e outros artistas. O programa recebe diversos prêmios.

1990 Escreve especiais para TV, entre os quais uma história da MPB para a TV espanhola, com direção de Roberto Talma.

Publica *A bandeira dos cinco mil-réis*, em edição patrocinada pela Shell do Brasil.

Escreve *Imaginária*, texto teatral encenado pelo diretor Marcio Viana.

1991 Publica a tradução de *A tempestade*, pela editora Relume-Dumará.

Em parceria com Walter Negrão, escreve a minissérie *O sorriso do lagarto*, baseada no livro homônimo de João Ubaldo Ribeiro.

1992 Escreve, para a TV Globo, os dois primeiros episódios do programa *Você decide*, do qual se torna supervisor de texto.

Representa o Brasil no Festival Internacional de Poesia da Universidade de Roma.

1993 Escreve o primeiro texto da série *Terça nobre*, da TV Globo, para a qual adaptaria clássicos da literatura brasileira.

Publica o livro de poemas *Pandemônio*, pela Arte Editora. É convidado para dar um curso sobre dramaturgia na PUC do Rio.

1995 Publica o livro de poemas *Folias metafísicas*, pela editora Relume-Dumará.

1996 Publica *Leblon: a crônica dos anos loucos,* pela editora Relume-Dumará/Prefeitura do Rio de Janeiro.

1997 Publica *Sonhos da insônia,* pela editora Impressões do Brasil, em parceria com Carlito Azevedo, em que há cinco traduções de sonetos de Shakespeare.

1999 Por encomenda do diretor Mauro Mendonça Filho, adapta *A megera domada,* de W. Shakespeare, a partir da tradução de seu amigo Millôr Fernandes, que participa da recriação do texto.

2000 Lança o livro *Por mares nunca dantes,* pela editora Objetiva. Estreia, no Theatro Municipal, a "Sinfonia do Rio de Janeiro de São Sebastião", idealizada por Ricardo Cravo Albin, com música de Francis Hime e letras suas e de Paulo César Pinheiro.

2002 Lança, em Madri e Barcelona, a tradução de seu livro sobre Vinicius de Moraes, numa série de shows dos quais participa, ao lado de Olívia Byington e Wagner Tiso.

Lança o CD *Por mares nunca dantes,* editado pela Biscoito Fino.

Lança o livro *Lira dos cinquent'anos,* pela editora Relume-Dumará.

Lança *Volúpias abomináveis,* de Caroline Gebara, seu pseudônimo, pela editora 7Letras. Seu poema "Por mares nunca dantes" é encenado a bordo de uma escuna, na Marina da Glória, com direção de Moacir Chaves.

2003 Traduz *Fausto,* de J.W. Goethe, com direção de Moacir Chaves. Traduz *Trabalhos de amor perdidos,* de W. Shakespeare.

Inicia colaboração no programa *Comentário Geral,* da TV Educativa, onde manteria coluna sobre poesia pelos sete anos seguintes.

2004 Traduz cenas de *Antonio e Cleópatra,* de W. Shakespeare, por encomenda de Maria Padilha e Paul Heritage, para leituras encenadas na periferia e nas favelas do Rio.

Escreve episódios para o programa *Carga Pesada,* da TV Globo.

Participa do projeto Arca das Letras, do Ministério do Desenvolvimento Agrário, que implanta bibliotecas em comunidades rurais e remanescentes de quilombos.

Inaugura na Mangueira, no Centro Cultural Cartola, a oficina de poesia "Escola das Rosas que Falam", com duração de três anos.

2005 Sua tradução de *Antonio e Cleópatra* é encenada no Teatro Ginástico, com direção de Paulo José.

Inicia coluna semanal sobre arte no Canal Brasil.

2006 Publica o livro *Balada do impostor*, pela editora Garamond.

Escreve especial sobre Antonio Carlos Jobim, com direção de Luiz Gleiser, para a TV Globo.

2007 Lança, com patrocínio do SESC, o CD *Gozos da alma*, em que diversos intérpretes cantam suas canções.

Escreve, em parceria com João Ubaldo Ribeiro, os primeiros episódios da série *Faça sua história*, para a TV Globo, com direção de Roberto Talma. A série seria exibida também durante todo o ano seguinte. Faz palestras sobre sua poesia em universidades americanas, entre as quais Columbia e NYU.

2008 O cineasta Eryk Rocha lança o filme *Miragem em abismo*, sobre sua poesia.

Escreve o texto da fotobiografia do poeta Ferreira Gullar, editora Folha Seca.

2009 Lança seu primeiro livro infantil, *Como um cometa*, pela editora Lazúli.

Traduz *Romeu e Julieta*, encenado no espetáculo *R&J de Shakespeare: juventude interrompida*, direção de João Fonseca. Publica seus *Poemas reunidos*, coedição da Biblioteca Nacional e da editora Nova Fronteira, lançado na Casa de Fernando Pessoa,

Lisboa. O livro ficou entre os finalistas do Priemio Jabuti, categoria Poesia.

Escreve os textos narrativos para a série de TV *As cariocas*, direção de Daniel Filho.

2010 Escreve, em parceria com Alcides Nogueira, *O Astro*, adaptação de novela de Janete Clair, com direção de Roberto Talma e Mauro Mendonça Filho.

Escreve os textos narrativos para a série *As brasileiras*, dirigida por Daniel Filho.

2011 Recebe o prêmio Emmy Internacional, pela adaptação de *O Astro*.

2012 Relança, pela gravadora Biscoito Fino, seu CD *Gozos da alma*, com show no Teatro de Bolso, Leblon. Entre os participantes, Olivia e Francis Hime, Alice e Danilo Caymmi e Olívia Byington.

2013 Publica *O discurso do amor rasgado*, traduções de poemas, fragmentos e cenas de Shakespeare, pela Nova Fronteira, organizado em parceria com Ana Paula Pedro. O livro ficou entre os finalistas do Prêmio Jabuti.

2014 Escreve uma série de cinco espetáculos sobre a história do Rio, encenados em diversos pontos da cidade, com direção e coreografia de Regina Miranda.

Escreve para Juca de Oliveira uma adaptação para solo do *Rei Lear,* de Shakespeare, com direção de Elias Andreato.
Vinte e sete de seus poemas, traduzidos para o inglês por Charles Perrone, são publicados pela *Machado de Assis Magazine,* da Biblioteca Nacional.

SELEÇÃO E ORGANIZAÇÃO
Ana Paula Pedro

DIREÇÃO EDITORIAL
Daniele Cajueiro

EDITORES RESPONSÁVEIS
Guilherme Bernardo
Maria Cristina Antonio Jeronimo

PRODUÇÃO EDITORIAL
Adriana Torres
Daniel Borges do Nascimento

REVISÃO
Eduardo Carneiro

DESIGN E DIAGRAMAÇÃO
TypoStudio

Este livro foi composto na tipografia Centaur.
Impresso no Rio de Janeiro, em 2015,
para a Nova Fronteira. O papel do miolo
é offset 120g/m², e o da capa é cartão 250g/m².